Cuadernos
liberales

Estados Unidos *versus* China
y el privilegio del dólar

José Antonio de Aguirre

ESTADOS UNIDOS
VERSUS
CHINA

Y EL PRIVILEGIO DEL DÓLAR

Unión Editorial
2025

© 2025 José Antonio de Aguirre
© 2025 UNIÓN EDITORIAL, S.A.
c/ Hilarión Eslava 21 – local • 28015 Madrid
Tel.: 91 350 02 28
Correo: editorial@unioneditorial.net
www.unioneditorial.es

ISBN: 978-84-7209-949-4
Depósito legal: M. 13.898-2025

Compuesto e impreso por EL BUEY LIBERAL, S.L.
Impreso en España • *Printed in Spain*

A Mariela

ÍNDICE

Capítulo I
EL ORDEN ECONOMICO
DE LA POSGUERRA

1. EL ORDEN MONETARIO: ANTECEDENTES

Cuando Isaac Newton fijó el precio del oro en libras esterlinas (1717), la circulación monetaria era metálica y nadie consideraba que un billete de banco fuera dinero. Sin duda, Newton no fijó alegremente ese precio, por encima del que tenía en el mercado. Su intención, y la de quienes le habían puesto al frente de la Casa de la Moneda de Londres, era la de mejorar la calidad de la circulación monetaria que fundamentalmente, era de monedas de plata muy deterioradas. Al fijar el precio de acuñación del oro por encima de su precio de mercado lo atraía para la acuñación británica, y ya habría tiempo de alinearlo al de mercado cuando los yacimientos brasileños, de reciente explotación, se agotarán, como acabó sucediendo.

Cuando, en 1844, se monopolizó la emisión de billetes de banco ya eran muchos los que consideraban que ese billete era dinero, máxime cuando la Ley exigía al Banco de Inglaterra que sus futuras emisiones de billetes estuvieran cubiertas al cien por cien con oro. Pero ya entonces había otros medios de pago bancarios que el oro no cubría y que, en la práctica, funcionaban como el dinero, de manera que cada vez iba a resultar más difícil mantener fijo el precio del oro, ya fuera en libras esterlinas, o en las distintas monedas nacionales que iban a fragmentar el espacio monetario como nunca lo había estado.

Pocos fueron los economistas que advirtieron las consecuencias de esa fragmentación, probablemente porque los financieros británicos tuvieron la habilidad de mitigarla, cuando acertaron a convertir Londres en la Cámara de Compensación Bancaria Internacional que, hasta entonces, los banqueros de la época habían conseguido ir organizando en distintas ciudades y plazas mercantiles bien conocidas. Amberes, Piacenza, Ámsterdam por citar sólo las más recientes, iban a poder compensar los saldos de unos y otros con una cantidad insignificante de moneda metálica. Todas las disputas recientes de los economistas acerca del llamado patrón- oro clásico, se hubieran visto allanadas, cayendo en la cuenta de este singular acontecimiento. Los financieros británicos, primero convencieron a sus conciudadanos de que retener el billete del Banco de Inglaterra era equivalente a retener oro. No lo habían conseguido cuando las guerras napoleónicas asolaron Europa y se vieron obligados a suspender la convertibilidad. Pero iban a lograrlo cuando, venciendo a Napoleón, la restablecieron y, tras convertir Gran Bretaña en la primera potencia industrial del mundo, convencieron al resto de los ciudadanos de las naciones que seguían sus pasos, y que no eran muchas, para que hicieran lo mismo.

Londres pudo impedir, durante un siglo, las consecuencias de la fragmentación del espacio monetario que nos traía la nueva moneda bancaria, hasta que la financiación de la Gran Guerra de las potencias industriales del mundo lo hizo imposible. Hurgando en lo que escribieron los economistas sobre la fragmentación del espacio monetario, probablemente el párrafo que reproduzco a continuación de los *Principios de Economía Política* de John Stuart Mill, sorprenderá a bastantes. Dice así:

Es tanta la barbarie que existe todavía entre casi todas las naciones civilizadas, que la mayor parte de los países independientes han querido afirmar su nacionalidad teniendo para mayor incomodidad de ellos mismos y de sus vecinos un sistema monetario especial propio.[1]

Stuart Mill, unos párrafos antes, no había dudado en afirmar que la mejor moneda era la inglesa y si los factores políticos no lo hubieran impedido todos la hubieran adoptado como la moneda en la que hacer sus tratos. Según el economista británico, el día que se hubiera progresado lo bastante, desde el punto de vista político, una moneda universal y no una miríada de ellas sería la adoptada.[2] Pero sucedió exactamente lo contrario, el dinero acabó nacionalizado y en la Gran Guerra de comienzo del siglo pasado, se utilizó para financiar, en proporciones variables los gastos públicos, de forma que a su término los mercados de divisas cotizaban las distintas monedas nacionales fuera de las paridades anteriores al conflicto.

Era necesario un nuevo sistema de paridades si queríamos que la libra esterlina siguiera cumpliendo la misión que se había atribuido, y que Francia no estaba dispuesta ahora a facilitar, cuando en 1928 ordenó al Banco de Francia convertir sus reservas de libras y dólares en oro.[3] No tiene nada de particular que cuando el presidente Roosevelt accedió a la presidencia de los Estados Unidos, en 1933, lo primero que hiciera fuera decretar la inconvertibilidad del dólar en oro. Aquel presidente, meses después, decidía aumentar el precio

---

[1] J.S. Mill. *Principios de Economía Política.* F.C.E. México p. 530.
[2] J.S. Mill. Ibid p. 529.
[3] En 1932 el Banco de Francia tenía en sus cajas más de la cuarta parte de las reservas de oro del mundo.

del oro de 20,67 dólares la onza de oro fino a 35 dólares, casi un 70% más alto. La tasa de paro de la economía descendería, pero aquel paro masivo que había desencadenado un error de las autoridades monetarias de los Estados Unidos no acabó de desaparecer hasta que la movilización para la guerra, que tampoco supieron evitar, consiguió lo que las políticas económicas ideadas por los economistas no habían logrado. De ahí que, en 1944, cuando la guerra estaba a punto de terminar, los Estados Unidos propusieron un sistema de paridades fijas con las que el dólar trataría de repetir la hazaña de los financieros británicos, anterior a la Gran Guerra.

2. LA RECONSTRUCCIÓN DEL ORDEN MONETARIO

Cien años después de que los británicos otorgaran al Banco de Inglaterra el monopolio de la emisión de billetes de banco convertibles en oro a un precio fijo, la nueva potencia acreedora mundial se atribuía idéntica función. Los financieros británicos idearon aquel sistema, con la pretensión de que la economía internacional funcionara igual que lo había hecho, cuando lo que circulaba era una moneda universal metálica, y la libra esterlina, como sustituto perfecto del oro, iba a conseguirlo. Pero el dólar no lo conseguiría, desde el momento en que la política de emisiones del nuevo dinero bancario se iba a emplear, siguiendo las recomendaciones de John Maynard Keynes, como instrumento para la reducción de las tasas de paro que cada país iba a ir acumulando. En otras palabras, cada nación iba a considerarse en libertad para regular sus emisiones de dinero, con objeto de conseguir el pleno empleo de sus recursos económicos, y esto era incompatible con el sistema de paridades fijas acordado en Bretton Woods.

A raíz de la firma, en 1941, de la Carta Atlántica se comenzó a hablar de la necesidad de abordar el fracaso de la Sociedad de Naciones en impedir la guerra, y el presidente Roosevelt promovió la constitución de una nueva organización que vio la luz en 1945. Dos años antes, en Estados Unidos, se creaba a instancias de este país la Administración de Naciones Unidas para el Auxilio y Rehabilitación de Europa (UNRRA) que financiarían ellos en un 70%. A finales de 1947 se habían distribuido unos 3.500 millones de dólares de ayuda humanitaria en los países de Europa Oriental y Meridional, masacrados por la guerra. Con independencia de esta clase de ayuda se facilitó también financiación en forma de subvenciones y préstamos a países como Francia, Reino Unido y Alemania, Holanda, Italia, Polonia o Checoslovaquia que cubrían necesidades de importación y que totalizaron unos 15.000 millones de dólares entre 1945 y 1947, financiados por Estados Unidos y Canadá.

Eran tiempos en que todavía no se percibía el abismo que separaba, dentro de los vencedores de la guerra a Stalin, en la Unión Soviética, y a todos los demás. Cosa que podrían haber hecho cuando, en 1944, la Unión Soviética se negó a participar en el nuevo orden monetario, y tanto Churchill como Roosevelt consintieron repartirse la influencia en Europa con los rusos, de la forma que lo hicieron reservándose Grecia y entregando Europa Oriental. Si creían que atribuyéndose un derecho de veto en el Consejo de Seguridad de Naciones Unidas iban a asegurar la paz, estaban equivocados.[4] Solo la disuasión nuclear evitó el enfrentamiento bélico, y aquella

---

[4] Estados Unidos, Gran Bretaña, Francia, La Unión Soviética y China se atribuyeron el derecho a vetar las decisiones de las Naciones Unidas con lo cual condenaron, de nuevo, a esta institución a la irrelevancia en muchos de los conflictos que les iban a dividir.

organización pasaría a tener una influencia marginal en los conflictos que se suscitaron.

En 1945, los Estados Unidos y Canadá habían concedido a Gran Bretaña un préstamo de 5.000 millones de dólares que, fundamentalmente, sirvieron para cancelar la deuda en libras esterlinas que el país había contraído con los de su área monetaria que les habían estados abasteciendo durante la guerra. Pero Estados Unidos estaba impaciente y quería que cuanto antes, se reanudase la convertibilidad oro de la libra esterlina, para que el nuevo orden monetario se hiciera realidad. En 1947 forzaron a que Gran Bretaña reanudase la convertibilidad de la libra a un tipo de cambio de 4,03 dólares por libra. Recordemos que la paridad histórica era de 4.86 dólares por libra y, por tanto, no tenía sentido alguno aquella cifra, después de que los Estados Unidos hubieran devaluado el dólar como habían hecho, en 1934. El resultado fue que, en cuatro semanas, las reservas de oro de Gran Bretaña que no pasarían entonces de los 500 millones de libras esterlinas iban a amenazar con desaparecer del todo.

Los expertos andaban sin saber cómo establecer un sistema de paridades fijas que, según ellos, iba a permitir que la nueva moneda bancaria llegara a circular como la antigua moneda metálica. Se olvidaba que prácticamente el cien por cien del dinero circulante era bancario, y estaba dotado de una elasticidad que nunca tuvo el dinero metálico. En estas condiciones, era muy difícil mantener un sistema de paridades fijas y menos aún, desde que algunos recomendaban aprovechar aquella elasticidad para vencer la resistencia a la baja de los salarios monetarios y combatir el desempleo, financiando el déficit de los presupuestos públicos con aquel dinero, o aumentando el endeudamiento público. En 1937, Friedich A. von Hayek ya había advertido que era imposible pretender que una moneda-crédito se llegara a comportar en la circulación como una moneda metálica en idénticas circunstancias,[5] y esto debería haber bastado.

Pero el problema entonces era otro: la guerra había devastado Europa y Stalin había decidido expandir el comunismo y la planificación centralizada de la economía por todo el mundo. Cuando la venda que les cegaba cayó de los ojos de los Estados Unidos, pusieron en marcha el Plan Marshall. Lo que el mundo necesitaba eran dólares, porque en esa moneda era como se pagaban los salarios y las demás rentas que contribuían a producir los bienes que Europa necesitaba para la reconstrucción. Era así de sencillo, aunque los economistas lo expresan, algunas veces, de manera que resulta harto difícil de entender.

El Plan Marshall[6] estuvo dotado con unos 13.000 millones de dólares que se distribuyeron en cuatro años de 1948 a 1951, ambos inclusive. La ayuda financió primero la compra de alimentos y fertilizantes. Más adelante bienes de equipo, materias primas y combustibles necesarios para poner en marcha las industrias y recuperar las exportaciones. Los suministros, en su mayoría, fueron proporcionados por los Estados Unidos y los países de América del Sur que no habían sufrido los efectos devastadores de la guerra. Con objeto de facilitar la

---

[5] F. A. Hayek. *El Nacionalismo Monetario y la Estabilidad Internacional*, Aosta, Madrid 1996, p. 103. Hayek defendió el sistema de tipos de cambio fijos por razones de disciplina monetaria. Si en la segunda mitad del siglo XX, la indisciplina fue la regla, se debió a la creencia de que podríamos utilizar el déficit público para combatir el desempleo. Con el espacio monetario fragmentado, como no lo estuvo nunca, la pérdida del poder adquisitivo del dinero en un corto periodo de tiempo se convirtió en la norma.

[6] George Marshall (1880-1959) fue jefe del Estado Mayor del Ejército de los Estados Unidos en la guerra y más tarde Secretario de Estado con el presidente Truman. En 1953 recibió el Premio Nobel de la Paz.

ejecución del plan se creó la Organización de Cooperación y Desarrollo Económico, la conocida OCDE que acogió a todas las naciones europeas que no estaban bajo la órbita de la Unión soviética, salvo España y Alemania que entonces estaba ocupada, incorporando a Turquía y Grecia que habían recibido ayuda de los Estados Unidos.[7]

En Potsdam (1945), los aliados habían decidido seguir ocupando Alemania y Stalin estaba dispuesto a desindustrializar el país. Fueron años muy difíciles para la Alemania derrotada. Cuando en Estados Unidos se convencieron de la intención soviética de extender el comunismo por toda Europa, las zonas que ocupaban británicos, franceses y americanos constituyeron la Alemania Federal, y el nuevo marco alemán sustituyó a la moneda nazi (un marco nuevo por cada diez antiguos). La respuesta soviética fue el bloqueo de Berlín, que un puente aéreo iba a abastecer durante casi un año, transportando unas 8.000 toneladas de víveres entre mayo de 1948 y junio de 1949. Hoy sabemos que el éxito de lo que se llamó el «milagro alemán» estuvo basado en una economía abierta, en la que siete de cada diez empleos iban a estar directa o indirectamente relacionados con la exportación, y un banco central con el objetivo de que la tasa de inflación, a largo plazo, no superase el 2% anual. Un objetivo que no tenía nada que ver con el intento de mantener el nivel de empleo a base de doblegar la resistencia de los salarios monetarios a descender mediante la inflación. Las industrias y los sindicatos alemanes sabían

---

[7] Alemania Federal se incorporaría en 1949. Portugal, en la órbita del Reino Unido, entró, y la Suiza «neutral» también, así como Suecia que había sido el suministrador principal de mineral de hierro a los nazis durante la guerra. España se incorporó en 1961 y, entre esta fecha y el comienzo de la crisis de petróleo, registró la tasa de crecimiento de su renta per-cápita mayor del mundo de toda su historia, solo por debajo de la de Japón.

bien que sólo su habilidad para mantener en pie sus industrias exportadoras les garantizaban el pleno empleo[8].

En 1949, la mayoría de las monedas europeas se devaluaron en un 30% respecto al dólar. La libra esterlina se situó entonces a un tipo de cambio más realista de 2,80 dólares que, no obstante, seguiría descendiendo. En 1950 se constituyó la Unión Europea de Pago (UEP), un sistema que permitía, mes a mes, a los países que la integraban, compensar los saldos acreedores y deudores que resultaban de los intercambios entre ellos. Los que al final de aquellas compensaciones resultaban deudores netos se limitaban a entregar una fracción en oro o en dólares. Es decir, oro y dólares se consideraban sustitutos perfectos como antes lo habían sido el oro y la libra esterlina, aunque, todo hay que decirlo, no lo fueran, tanto antes como ahora. Pero el resultado fue el mismo, en ambos casos. Europa consiguió articular el crédito y el comercio entre los países de la UEP, en un periodo que llamarían de escasez de dólares, pues los Estados Unidos enlazaban un superávit comercial, uno tras otro, lo contrario de lo que, por ejemplo, sucede en nuestros días.

En plena expansión del comercio mundial, esto fue lo que iba a permitir, al final de aquella década, alcanzar la ansiada convertibilidad haciendo que, poco a poco, Europa redujera su excesiva dependencia de las importaciones de América.[9]

---

[8] El posterior éxito de la Alemania Federal fue lo que llevó a los soviéticos a tener que construir el muro de Berlín en 1961.

[9] En las dos décadas posteriores a la formación de la UEP, el comercio mundial creció a una tasa del 8% anual, la más alta de la historia, si exceptuamos la década de 1860. La mayor parte de este crecimiento, por supuesto, tuvo lugar en Europa, tanto dentro del continente como en relación con los países de ultramar. L. Neal y R. Cameron. *Historia Económica Mundial*. Alianza Editorial, 5.ª edición, p. 372.

Estados Unidos, que inició la década acumulando algo así como los dos tercios de las reservas mundiales de oro, iba a perder casi la mitad de esa cifra, y los países europeos restablecieron la convertibilidad de sus monedas para las operaciones corrientes. Las transacciones de capital suscitaban algunos problemas, sobre todo los movimientos de capital a corto plazo, ese dinero llamado caliente que lo mismo entra que sale a la menor sospecha de inestabilidad. En la era de la nueva moneda bancaria, su enorme elasticidad presentaba algunas ventajas y este ir y venir, de un lado para otro, era uno de sus principales inconvenientes.

3. EL «POOL» DEL ORO

El 1 de noviembre de 1961, siete bancos centrales de países europeos y los Estados Unidos creaban un fondo al que se encomendó mantener fijo el precio del oro en 35 dólares la onza. Estados Unidos aportó el 50% del fondo, un total de 120 toneladas de oro, el otro 50% se distribuía como sigue: un total de 27 toneladas cada uno aportaban Alemania, Francia, y el Reino Unido. Italia aportaba 22, con Bélgica, Países Bajos y Suiza aportando 9 toneladas cada uno. Milton Friedman iba a escribir entonces un artículo criticando ese sinsentido de fijar el precio del oro.[10] Una idea que Gran Bretaña había introducido cuando la circulación era metálica y el billete del Banco de Inglaterra daba sus primeros pasos. En 1844, cuando su emisión se convirtió en un monopolio, los bancos de crédito británicos ya habían introducido medios de pago que, si no

---

[10] M. Friedman. *Ensayos de Política Monetaria*. Fundación ICO 2012. Véase el ensayo «Patrón oro auténtico y seudo-patrón-oro» (1961), p. 401 y ss.

superaban a aquellos billetes, pronto iban a hacerlo y, desde luego, ya antes de la Gran Guerra los habían desbordado. Se sabe que, a comienzos de la década de los años sesenta, algunos pensaban que la moderna circulación monetaria podía aspirar a comportarse como la antigua. Pero no solo esto era imposible, sino que, ya entonces, la idea de alcanzar el pleno empleo, aprovechando la elasticidad del papel moneda frente a la rigidez del oro, que se ocuparan de consagrar los muchos seguidores de Keynes, estaba defendida por la mayoría de los gobiernos.

Durante los tres años que duró la Guerra de Corea (1950-1953), los Estados Unidos demostraron que estaban en condiciones de desenvolverse con un elevado nivel de empleo y una tasa de inflación aceptable. Durante el mandato del presidente Eisenhower (1953-1961), esta continuó siendo la situación, aunque algunos denunciaron la baja tasa de crecimiento económico que registraba su economía. Esto fue lo que se propuso capitalizar el candidato demócrata a la Casa Blanca John F. Kennedy con su programa electoral, bajo el llamativo lema de la Nueva Frontera, que mucho tenía que ver con las ideas de un economista de Harvard que arrasaba con sus libros, aunque hoy esté olvidado. John Kenneth Galbraith (1908-2006) había abrazado las recetas keynesianas, aconsejando bajos tipos de interés, reducción de impuestos y aumento de los gastos públicos.

No se puede decir que, en los primeros años de su corto mandato, abortados con su asesinato en 1963, los llamados equilibrios macroeconómicos se vieran seriamente alterados. Fue a mediados de aquella década, cuando el nuevo presidente de Francia, el general Charles De Gaulle, lanzara su particular ataque al «privilegio exorbitante del dólar». De Gaulle era un patriota, pero también un resentido; el general Eisenhower no le había tenido demasiado en cuenta durante su estancia en Europa al mando del ejército aliado, y luego tampoco iba a alentar la intervención francesa en el Sudeste Asiático. Tampoco los Estados Unidos iban a consentir el unilateral ataque anglo-francés en el canal de Suez de 1956, ni apoyar la guerra colonial francesa en Argelia. Cuando los franceses llamaron a su héroe nacional para sacarlos de la ruina económica en la que se vieron sumidos los gobiernos de su IV República, lo más fácil era agitar el *privilegio exorbitante* del dólar, un lema que hizo fortuna en Europa, ideado por el ministro de Economía y Finanzas francés, Valery Giscard d´ Estaing (1926-2020), que ya entonces apuntaba alto. El comportamiento de los precios en Francia había obligado a llevar a cabo una drástica reforma monetaria en la que cada cien francos antiguos se cambiaron por uno nuevo.[11] Los alemanes habían necesitado solo cambiar diez marcos de la Alemania nazi por uno de la nueva Alemania Federal. Pero iba a ser Francia la primera en abandonar el «pool del oro».

Tras la Segunda Guerra Mundial, Francia había intentado restablecer su poder colonial en el Vietnam, sin que los Estados Unidos les prestaran ayuda alguna, pero al estallar la guerra de Corea enviaron ayuda considerable. El gran número de bajas hacía impopular esta guerra en Francia, pero mientras se mantuvo el conflicto coreano los franceses resistieron, y en 1953 habían conseguido ocupar la estratégica posición de Dien Bien Phu. Pero al año siguiente, firmada la paz de Corea, los Estados Unidos retiraron su apoyo, Dien Bien Phu cayó y esto terminó agriando las relaciones entre los dos países. Los acuerdos de Paz de 1954 implantaron en Vietnam del Sur un régimen autocrático pero anticomunista, enfrentado

---

[11] Reforma Antoine Pinay, ministro de Hacienda y Economía de Francia en 1959.

al del Vietnam del Norte comunista de Ho Chi Minh, y el presidente Kennedy decidió, en 1961, intervenir. Fue una decisión desafortunada que iba a lastrar el mandato del presidente Lyndon B. Johnson a la muerte de Kennedy, y el del republicano Richard Nixon, que fue quien se vio obligado a iniciar negociaciones de paz ante la creciente impopularidad de aquella guerra[12].

Ciertamente, la financiación de la guerra de Vietnam, a diferencia de lo que había sucedido diez años antes con la de Corea, suscitó recelos en Europa. Francia acusaba a los Estados Unidos de emitir dólares que ocasionaban tensiones inflacionistas en su economía. En 1969, cuando Nixon llegó al poder, la tasa de inflación en los Estados Unidos era ya del 4,2%. Pero seguía siendo cierto que este era un fenómeno pasajero que Francia podía haber pasado por alto, porque su economía no era precisamente un ejemplo de estabilidad monetaria para nadie. El caso de Alemania era diferente, pero los alemanes, aunque con reticencias, no exigían una devaluación del dólar y estaban dispuestos a aceptar una ligera reevaluación del marco alemán. Francia, sin embargo, retornando a sus políticas de los años 30, hablaba de un retorno al patrón-oro que acabara con el «privilegio exorbitante» del dólar, del que no se habían acordado cuando esos dólares eran imprescindibles para la reconstrucción de su economía.

Cuando en los mercados privados el oro cotizó a 40 dólares la onza, se habló en Europa, con insistencia, de tensiones inflacionistas intolerables. Era cierto que los bancos centrales europeos estaban en condiciones de exigir el reembolso de sus reservas en dólares a 35 dólares por onza y vender luego

---

[12] Era la primera vez que los Estados Unidos iban a perder una guerra desde 1812.

a 40 dólares esas mismas onzas en el mercado, con un jugoso beneficio. Pero si lo hacían, llegaría un momento en que los norteamericanos interrumpirían el juego. No era esa la misión encomendada al mantenimiento de un precio fijo del oro que, como argumentaba Friedman, no tenía ya sentido alguno. Cuando la paciencia de Nixon se agotó, los norteamericanos suspendieron la convertibilidad del dólar en oro (1971). El dólar se depreció con fuerza y, entonces, los exportadores franceses y alemanes sufrieron las consecuencias de un dólar más barato.

La realidad era que, entre 1959 y 1970, la tasa de inflación de los Estados Unidos fue la más baja de los países que integraban el G7 (Estados Unidos, Francia, Reino Unido, Alemania Federal, Canadá, Italia y Japón). La tasa de crecimiento de la cantidad de dinero, medida por el agregado monetario M1, fue también la más baja de todos estos países y, sin embargo, se hablaba con insistencia de la laxitud monetaria de los Estados Unidos[13]. En el Fondo Monetario Internacional trataban, por todos los medios, de suavizar la libre flotación de los tipos de cambio de las monedas. En el Acuerdo firmado en la Smithsonian Institution de Washington en diciembre de 1971, los países del G10 decidieron ampliar la banda de fluctuación del precio del oro, en 2,25% arriba y abajo, de los 38 dólares la onza. Pero este acuerdo iba a durar sólo 15 meses. A mediados de 1972, el oro cotizaba ya a 60 dólares la onza, y en febrero de 1973, los Estados Unidos modificaron el precio oficial del oro, elevándolo a 42,22 dólares la onza. No se sabe bien qué argumentos les llevaron a establecer esa cifra. Parece como si la vieja idea de hacer repetible el ideal de una circulación

---

[13] Barry Eichengreen, *La Globalización del Capital*, A. Bosch editor, 2021, pp. 177-178.

metálica, cuando el dinero había dejado de ser una mercancía, se resistiese a morir. Pero en octubre de aquel año estalla la guerra árabe-israelí de Yom Kipur, un buen pretexto para que los países de la OPEP decretaran un aumento salvaje en el precio del petróleo, y entonces fue cuando nos enteramos de lo que era una inflación de los precios que, a la vez, iba a reproducir tasas de paro de las que ya nadie se acordaba, y que aún perduran, cincuenta años después, en países como España.

4. EL DESBARAJUSTE DE LA DÉCADA DE LOS AÑOS 70

El precio del petróleo se había multiplicado por cinco a finales de la década de los años setenta, y en algún momento llegaría a multiplicarse por veinte. Un economista conspicuo hubiera asegurado que esto acabaría por aumentar la producción, y efectivamente fue así. Muchos yacimientos que no eran rentables al precio de dos dólares el barril iban a serlo al de diez dólares. Y, en efecto, así sucedió. A la explosión de sus precios en los años setenta sucedió el descenso acentuado de los años ochenta, y el marasmo de los noventa. Pero las autoridades monetarias no podían esperar, y el denominador común de las políticas arbitradas, ahora que el dinero ya no era una mercancía, fue el de acomodar la cantidad de dinero a los aumentos de precios que exigían todos, para compensar la subida del precio del petróleo.

Iban a ser los Sindicatos los primeros en reaccionar, exigiendo unos aumentos de los salarios monetarios, ahora que todas las empresas aumentaban los precios porque, efectivamente, sus costes eran mayores. El aumento del precio del petróleo por los países productores era un impuesto. Era como si alguien hubiera decretado el aumento de los aranceles que gravan las importaciones, de todo lo que nos vemos obligados a comprar en el exterior[14]. Naturalmente, la respuesta de las autoridades monetarias iba a ser catastrófica. En el cuadro que sigue a continuación mostramos la de las autoridades monetarias españolas que nos sirve bien de ejemplo.

CUADRO 1

INDICE DE LOS PRECIOS DE BIENES DE CONSUMO

DECENIOS	INFLACIÓN	TASA DE CRECIMIENTO DEL PIB PER-CÁPITA
1940-1950	11,51	0,58
1950-1960	5,18	3,48
1960-1970	6,31	7,35
1970-1980	15,68	3,75
1980-1990	9,28	2,87
1990-2000	3,83	2,71

Fuente: *Estadísticas Históricas de España*. Fundación BBVA vol. III, pp. 1268, 1342,1343. Autores: Jordi Malaquez de Motes, Universidad de Barcelona, Albert Carreras, Universidad Pompeu-Fabra, Leandro Prados de la Escosura, y Juan R. Rodes, Universidad Carlos III de Madrid.

Ciertamente, en el caso español, el aumento de los precios del petróleo coincidió con el proceso de transición política. La presión sindical en España iba a resultar imparable, pero aquí, como en otros lugares, donde el componente político no era tan adverso, el invento era realmente perverso. La doctrina dominante entonces aseguraba que paro e inflación

---

[14] La respuesta del Presidente Donald Trump a los problemas de la economía de los Estados Unidos, que examinaremos en el capítulo siguiente, es algo parecido.

mantenían una relación inversa, pero estable. Las economías que acumulaban paro podían reducirlo consintiendo una cierta elevación en su tasa de inflación. Pero para hacer frente a un encarecimiento del petróleo se necesitaba un aumento de la productividad que, a corto plazo, era imposible. Las empresas aumentaban sus precios, pero a renglón seguido los sindicatos exigían el aumento correspondiente de los salarios monetarios. Si las autoridades monetarias no facilitaban el dinero necesario o si este no llegaba, por la razón que fuere, a las empresas afectadas, lo más probable no era que la tasa de paro descendiese, sino todo lo contrario.

España había conseguido, entre 1960 y 1970, alcanzar la tasa de crecimiento de su renta per-cápita más elevada de toda su historia y la segunda del mundo en aquel periodo, solo superada por Japón. La tasa de paro era inferior al 2% y la de inflación, efectivamente, superaba todos los cánones de la ortodoxia, pero no era incontrolable y había permitido más que doblar la tasa de crecimiento de la renta per-cápita. Se diría que era una inflación que había valido la pena. En la práctica, nuestra renta per-cápita, que en 1950 era la tercera parte de la de Estados Unidos, rozaba ya, en 1975, el 60% de la misma, y seguiría creciendo hasta casi alcanzar el 75%, en vísperas de la Gran Crisis Financiera del 2008, con tasas de inflación mucho más moderadas y tasas de paro muy difíciles de explicar.[15]

Los Estados Unidos, en 1975, bajo la presidencia de Gerald Ford, que había sucedido al dimitido Richard Nixon (escándalo Watergate), ponían fin a la guerra del Vietnam. La

---

[15] Desde la década de 1980, en la que la tasa de paro de la economía española supera el 10%, nunca se ha situado por debajo de esa cifra y, en ocasiones, han llegado a registrar cifras por encima del 20%.

tasa de paro era ya entonces del 8,3%, y la tasa de inflación del 6%. Con Arthur Burns en la presidencia de la Reserva Federal, la tasa de inflación no daba tregua. A Gerald Ford le sucedería, en la Casa Blanca, el demócrata Jimmy Carter, pero Burns siguió al frente de la Reserva Federal. El tipo de interés estaba ya situado en el 11,5% cuando, tras el breve mandato de William Muller, el presidente escogió a Paul Volcker para dirigir aquella institución. Él había sido uno de los que aconsejaron a Nixon abandonar la convertibilidad del dólar en oro, y aunque la ortodoxia seguía oponiéndose a medidas radicales que, según ellos, elevarían la tasa de paro, Volcker decidió correr el riesgo. Entonces redujo en un tercio la tasa de crecimiento de la masa monetaria, subió el tipo de interés al 17,6% y, cuando las protestas arreciaron, lo situó un poco más arriba, en el 19%.[16]

La tasa de paro era de dos dígitos, pero a finales de 1982 y comienzos del año siguiente, las expectativas de inflación habían descendido y el dólar comenzó a apreciarse con gran alivio de alemanes y japoneses. En España el resultado había sido el mismo: los sindicatos, convencidos de que el Banco de España no financiaría aumentos de salarios por encima del objetivo de inflación señalado, hicieron posible que la tasa de inflación descendiera dramáticamente como recoge el Cuadro 1. Pero la tasa de paro, en 1990, superaba el 15%.

Al final de la década de los años ochenta se diría que la economía mundial había terminado por adaptarse a aquella perturbación que acabó desmonetizando el oro para siempre. Pero, a partir de entonces, dos acontecimientos lo iban a condi-

---

[16] M. Bordo y M. Levy. *Do enlarged fiscal deficits cause inflation? The Historical Record.* Economic Affairs University of Buckingham. IEA Londres febrero 2021, p. 71.

cionar todo: la caída del Muro de Berlín y el experimento chino de pasar de una economía planificada centralmente a otra que está planteando problemas de encaje muy de actualidad.

Capítulo II
ESTADOS UNIDOS Y EL PRIVILEGIO
DEL DÓLAR

1. EL EXPERIMENTO CHINO

Cuando cae el Muro de Berlín en 1989, los datos son contundentes. El PIB per-cápita, en paridad de poder adquisitivo, de los satélites de la Unión Soviética, rara vez superaba la quinta parte del que se disfrutaba, por término medio, en los países de la OCDE, y en el caso de China apenas se alcanzaba el 5% de aquel promedio. Los chinos vivían como hoy pueden hacer los habitantes del África subsahariana, en esa franja que recorre unos cinco mil kilómetros desde el océano Atlántico hasta el mar Rojo, limitada al norte por el desierto del Sáhara, que la separa de la costa mediterránea, y al sur por la sabana africana.

Pero a la muerte de su líder, el comunista Mao Zedong, en 1976, sus sucesores estaban convencidos de que el sistema soviético de planificación centralizada de su economía no llevaba a ningún puerto, y su nuevo líder, Deng Xiaoping (1904-1997), había decidido ir desmantelándolo, y tratar de aprovechar la única ventaja comparativa de la que disponía China: una mano de obra que el Partido Comunista llevaba treinta años disciplinando, y que era excepcionalmente barata, frente a lo que marcan los patrones occidentales.

Hasta entonces, la supresión de la libertad política sólo había traído hambrunas, pero no se trataba de restablecerla, como habían pensado algunos, sino de aprovechar la estructura cuasi-militar del partido comunista para ver si era posible vender más allá de aquella muralla, lo mismo que Occidente producía a un precio mucho más bajo. Nadie se inquietó por ello, sino todo lo contrario. En los Estados Unidos, por ejemplo, se consideró que esta decisión desmanteladora de la planificación centralizada, confirmaba lo que ellos siempre habían sostenido y les abría, en aquel inmenso territorio, un mercado inexplorado que acabaría demandando sus productos estelares, como había sucedido en otras partes del mundo. Eran los años ochenta del siglo pasado, y ninguno de sus expertos había imaginado que, en el 2024, el déficit comercial de su país con China rondaría los trescientos mil millones de dólares. Pero esto es sólo la cuarta parte de su déficit comercial, que asciende a la cantidad de 1,2 billones (*trillions*) de dólares. El ministro de Economía y Finanzas de la República de Francia, en los años sesenta del siglo pasado, que llamó a ese déficit el «privilegio exorbitante» del dólar, se hubiera llevado las manos a la cabeza al ver que ese privilegio ascendía a algo más del 4% del PIB de los Estados Unidos.

Habían sido los franceses los primeros en negarse a acumular dólares en sus reservas de oro y divisas extranjeras, argumentando que inflaban sus precios, y exigiendo que los Estados Unidos devaluaran el dólar o accedieran a reembolsar las reservas de dólares que acumulaba el Banco de Francia en oro, al precio oficial de 35 dólares la onza. El presidente Nixon, bien asesorado, se negó y declaró la inconvertibilidad del dólar en oro. Fue entonces cuando el mundo se enteró de lo que eran capaces de perpetrar unos bancos centrales que tenían que hacer frente a las continuas demandas de los Sindicatos para subir los salarios, cuando los países productores de petróleo decidieron, en 1973, multiplicar por cinco el precio de esta importante materia prima.

El Fondo Monetario Internacional trató, en vano, de mitigar las continuas fluctuaciones de las monedas nacionales más importantes. Con la Reserva Federal de los Estados Unidos dispuesta a emitir todos los dólares que hicieran falta para financiar, unas subidas de los salarios que desencadenaban una cadena sin fin de nuevas subidas de precios que acabaron llevando la tasa de inflación a cifras de dos dígitos. El desconcierto no pudo ser mayor, porque durante toda la década anterior, la mayoría de sus economistas habían sostenido que el aumento de la inflación acarrearía una disminución del paro. Pero el desempleo no paraba de subir y el dólar de bajar respecto al resto de monedas fuertes.

Fue necesario convencer a los agentes económicos de que la Reserva Federal no acomodaría, emitiendo dólares, las subidas de salarios que fueran más allá de objetivo de inflación marcado, para que aquella orgía concluyera. Se necesitó en ello toda una década de debates que llevaron al tipo de interés a cifras cercanas al 20%, y hubo solo un hombre, al frente de la Reserva Federal, capaz de hacerlo. Paul Volcker vivió lo suficiente para contemplar que, incluso así, nadie estuvo en condiciones de presagiar una crisis todavía mayor a comienzos del nuevo siglo.

La fragmentación del espacio monetario que nos había traído la nueva moneda bancaria consiguió eludirse entre 1820 y 1914, gracias a la habilidad de los financieros británicos, que primero convencieron a sus conciudadanos de que mantener en sus carteras libras esterlinas de papel era lo mismo que mantener libras de oro y luego, cuando Gran Bretaña era ya la primera potencia industrial y comercial del mundo, convencieron de lo mismo al resto de ciudadanos del mundo. En lenguaje técnico, la libra esterlina y el oro eran sustitutos perfectos.

El dólar iba a conseguir lo mismo durante todo el periodo en el que los países devastados en la Segunda Guerra Mundial estuvieron reconstruyendo sus economías, pero luego todo iba a ser mucho más difícil. Un espacio monetario fragmentado iba a presentar problemas desconocidos hasta entonces que sólo una moneda aceptada por todos resuelve y, como vamos a ver, la irrupción de las economías emergentes de Asia en el comercio internacional del nuevo siglo, lo ha puesto de manifiesto de una forma que Japón y algunos otros no hicieron antes.

En 1985, los chinos estaban descolectivizando su agricultura y sus exportaciones todavía no se hacían sentir en los mercados internacionales, las monedas fuertes seguían siendo el marco alemán y el yen japonés. Su cotización respecto al dólar era lo que preocupaba en los círculos financieros internacionales. Por ejemplo, cuando Paul Volcker consiguió romper las expectativas inflacionistas, el dólar reaccionó al alza con fuerza. Fueron necesarios los acuerdos del Plaza de Nueva York y del Louvre en París, de 1985 y 1987, para serenar los mercados de divisas, y detener el ascenso disparatado del dólar.

Pero poco después, el 19 de octubre de 1987, la Bolsa de Nueva York se desploma, y entra en escena Alan Greespan, que va a presidir la Reserva Federal entre 1987 y el 2005. Ya a mediados de la década de los ochenta, algunos expertos advertían de los cambios que se estaban produciendo en el sistema tradicional de banca, pero el nuevo presidente de la Reserva Federal, que se estrenaba con el primer descenso de envergadura en Wall Street, después del de 1929, anunció al mundo que estaba dispuesto a hacer todo lo contrario a lo que se hizo entonces. Antes de que la Bolsa abriera el 20 de octubre de 1987, anunció que el Sistema de la Reserva Federal estaba dispuesto a «servir como fuente de liquidez para apoyar el sistema económico y financiero». En palabras de Frederic S. Mishkin, de la Universidad de Columbia:

> Fueron inyectadas en el sistema reservas que más adelante se retiraron. No solo la crisis resultó abortada para que la expansión continuara, sino que las consecuencias inflacionistas de esa acción del prestamista de última instancia (banco central) fueron pequeñas.[17]

No sé si entonces llegó a captarse el alcance de esta intervención de Alan Greespan, pero está claro que el profesor de Columbia lo había hecho y en el año 2000, cuando hacía su valoración en el Banco de la Reserva Federal de San Luis, lo demostró con toda la elocuencia de la que era capaz, y la audiencia lo compartió. Pero esta alusión a la condición de *prestamista de última instancia* de la Reserva Federal, para todo lo que nos puede deparar un mercado de valores, como el que estaba entonces en construcción en los Estados Unidos, iba a provocar una catástrofe que sorprendió a todos, y nos sigue deparando sorpresas.

En la década de los años noventa se produjeron, una tras otra, distintas crisis cambiarias. Las de los países del Sudeste Asiático iban a ser las más señaladas y se produjeron en 1997, cuando ya China se disponía a entrar en la Organización Mundial de Comercio, algo que nadie podía haber imaginado veinte años antes. En una generación, las exportaciones de China habían pasado de la insignificancia a representar casi el

---

[17] «Homes Jones Lecture (20 de febrero de 2000)», *Federal Reserve Bank of St. Louis Review*, julio-agosto 2000.

20% de su PIB. China, al igual que otros países asiáticos antes, había aplicado a su comercio exterior un elevado nivel de protección arancelaria. Solo la India y Pakistán tenían niveles de protección superiores. Durante mucho tiempo, los chinos mantuvieron una política de tipo de cambio dual. Es decir, trataban de impulsar sus exportaciones y obstaculizaban la importación. Al mismo tiempo, mantenían un estricto control a las entradas y salidas de capital.

En 1994 habían devaluado en un 50% su moneda y adoptaron un tipo de cambio único, y cuando tres años después se produce la crisis de las monedas de sus vecinos en el Sudeste asiático, China sale indemne. Ellos estaban a cubierto de esas entradas de capital extranjero que, en búsqueda de rendimientos más atractivos, calientan la cotización de muchos activos, y cuando lo deciden, repentinamente abandonan el país, provocando bruscas caídas en el valor de las monedas nacionales y un gran desconcierto.

Un año después de aquellas crisis, se produce la del rublo ruso, que marcaba el fracaso, sin paliativos, de aquella «terapia de choque», con la que Boris Yeltsin, después de desbancar a Mijail Gorbachov, intentó sustituir la antigua burocracia soviética por otra afín a sus intereses personales. Después de arruinar a buena parte de la ciudadanía soviética mediante una de las mayores hiperinflaciones de la segunda mitad del siglo pasado, una nueva oligarquía se hizo, a precios de ganga, con los abundantes recursos naturales de aquel país, y no contentos con ello, aquella camarilla de Yeltsin incubó una burbuja especulativa de precios en la recién creada Bolsa de Moscú (1995), que alcanzó a una de las más novedosas instituciones financieras de Wall Street.

El *Long Term Capital* era un fondo de inversión que llamaban «de cobertura» (*hedge fund*). Había sido creado, en 1994, por un antiguo director del «banco de inversión» norteamericano Salomon Brothers y contaba en su Consejo con el asesoramiento de dos de las figuras más destacadas entre los académicos que iban a revolucionar la industria de los valores mobiliarios en los Estados Unidos.[18] En sólo cuatro meses, en 1998, perdían la cantidad de 4.600 millones de dólares que, como ya había anunciado, Alan Greespan se dispuso a cubrir comprometiendo los fondos de la Reserva Federal.

Pero esto fue un juego de niños si lo comparamos con lo que se vería obligado a hacer su sucesor al frente de la Reserva Federal, en el 2008, cuando decidieron dejar que fuera a la quiebra el banco de inversión Lehman Brothers. La factura inicial de aquella colosal operación de traslación de riesgos, que habían conseguido orquestar pacientemente, con la introducción de los más sofisticados instrumentos que la ingeniería financiera hubiera imaginado hasta entonces, alcanzó la cifra de setecientos mil millones de dólares.[19]

Estas eran las consecuencias del intento de convertir a la Reserva Federal en «prestamista de última instancia» de un entramado que iba mucho más allá de lo que un sistema de bancos de crédito tradicional aporta al desenvolvimiento de la economía. Y se diría que todavía está por ver el resultado de todos los esfuerzos que tuvimos que hacer luego, para salir de aquel atolladero que supuso multiplicar, en algún momento, casi por diez, el balance de la Reserva Federal.[20]

---

[18] Myron Schole y Robert Merton habían recibido en 1997 el premio Nobel de Economía por sus aportaciones al cálculo de las opciones de compra y venta de valores mobiliarios.

[19] He descrito pormenorizadamente los distintos instrumentos utilizados en aquella primorosa orquestación, en un trabajo conjunto con Juan Castañeda Fernández. Véase *Una Crisis Económica Sorprendente 2008-2012*, Unión Editorial, Madrid 2012.

La crisis iba a detener el crecimiento económico en todo Occidente; China, después de su incorporación a la Organización Mundial de Comercio, había estado creciendo a tasas de dos dígitos que no tenían precedente. En el 2007 alcanzaron un máximo del 14,23% anual. Sus exportaciones habían llegado a representar un tercio de su PIB. En el 2009, la tasa de crecimiento era todavía del 9%, y cuando Xi Jinping accede a la presidencia de aquella República Popular, superaba el 7%, y sus reservas de divisas rozaban los cuatro billones de dólares. Nunca en la historia unas reservas habían superado el 40% del PIB. Era algo insólito, y muchos se preguntaban el alcance de semejante fenómeno.[20]

Una economía exportadora como Alemania rara vez acumulaba reservas superiores a los cuatro meses de importaciones. En el caso de China, esto supondría unos 500.000 millones de dólares en el 2013. Es decir, China multiplicaba por ocho las reservas normales. Japón, en toda su historia de crecimiento sin precedente hasta entonces, jamás acumuló más de lo que era normal en Alemania[21].

En junio del 2013, en Kazajistán, el nuevo presidente de China anunciaba al mundo su programa B.R.I., dotado con un billón de dólares, destinado a construir carreteras, líneas de ferrocarril, plantas generadoras de energía eléctrica, puertos para naves de gran calado y otras infraestructuras. Nada parecido se había programado en el mundo desde que los Estados Unidos pusieron en marcha el Plan Marshall (1946-1950) para

---

[20] En la actualidad (2025) se ha reducido y multiplica por algo más de seis al existente antes de la crisis.

[21] Hoy día, Japón imita a China, y sus reservas de divisas se sitúan en torno a 1,2 billones de dólares, una cuarta parte de su PIB que cubren algo más de dieciocho meses de sus importaciones. Japón se une, de esta forma, al conjunto de economías asiáticas que demandan dólares en gran cantidad.

la reconstrucción de un mundo que había quedado, en Europa y buena parte de Asia Oriental, devastado por la guerra. Aunque más de sesenta países se iban a adherir al Plan del jerarca chino, no conviene dejarse deslumbrar por las apariencias. En realidad, lo que China perseguía con muchas de aquellas infraestructuras era asegurarse el abastecimiento de las muchas importaciones que demandaba el país. Su nueva industria de bajos costes iba a proporcionar al mundo toda una serie de bienes que habían aprendido a producir, copiando todo lo que habían querido durante su período de reforma.

Primero descolectivizaron la agricultura, y cuando vieron que la productividad agraria crecía, mantuvieron en los medios rurales el exceso de mano de obra que aquello produjo, hasta que el potente sector de empresas privadas que acertaron a atraer, con toda clase de incentivos fiscales y crediticios, permitió ocupar aquellos excedentes, y los que también produjo la liquidación de un gran número de empresas estatales improductivas. Se calcula que aquel proceso depurador costó unos 500.000 millones de dólares. Es una cifra gigantesca, habida cuenta de que China no alcanzaría un PIB superior a esa cifra, hasta transcurridos más de quince años, después de que iniciaran la reforma.

Las empresas occidentales pronto comenzarían a llegar a aquel país, cautivadas por la oportunidad que suponía aquel gran mercado, pero se engañaban, por cuanto en el momento que sus socios chinos aprendían lo necesario, prescindían de sus servicios, y se encargaban ellos de explotar sus bajos costes de mano de obra y la obligada austeridad de sus trabajadores, vendiendo en todo el mundo a precios que ninguno de sus competidores podían ofrecer. Las empresas occidentales pronto aprenderían a fabricar en países de Asia y otros que ofrecieran también salarios bajos, como única forma de competir con China. En buena medida, el déficit que recoge la balanza de pagos por cuenta corriente de los Estados Unidos se debe a estas estrategias, y el establecimiento de aranceles mucho más altos es dudoso que vaya a producir el efecto que pretenden. Cuando los precios comiencen a subir en los Estados Unidos, es seguro que una política monetaria más flexible para acomodar la cantidad de dinero ocasionará una inflación que nadie quiere.

En el 2015, el presidente chino elevaba su apuesta, anunciando el programa *Made in China 2025,* que pretendía para su país una posición de predominio en el área de las nuevas tecnologías, la inteligencia artificial, la robótica, los microchips, la energía solar, la aviación espacial, la biofarmacia, las telecomunicaciones, etc. etc. Se pretende que un 70% de los materiales y componentes de estas tecnologías se produzcan en China. Pero la punta de lanza de esta ofensiva no van a ser las empresas privadas, de las que se sirvieron en los primeros treinta y cinco años de la reforma, sino las empresas estatales que controla el Partido Comunista de China.

Fue entonces cuando en China, para proteger a Baidu, se prohibió la entrada allí de Google. Para desarrollar Weibo se haría otro tanto con Twiter. Se crea Wachat y se prohíbe la entrada de WhatsApp, etc. Naturalmente, todo esto va a tensionar la financiación en un país que mantiene su banca nacionalizada y utiliza estrictos controles que dificultan el acceso de capitales extranjeros. La tasa de crecimiento ha quedado reducida al 5%, que es más que suficiente para acortar las distancias que separan la renta per-cápita de China de la de los países más destacados que integran la OCDE y continúan estancados tras la crisis financiera. Pero los analistas que trabajan con índices de bienestar y desarrollo humano más precisos, como el español Leandro Prados de la Escosura, asignan a China un lugar muy retrasado en el conjunto de países analizados.[22] Pero esto no parece que vaya a disuadir a los dirigentes actuales de China, en lo que ellos llaman el suave dominio mundial del nuevo socialismo chino.

Lo que, claro está, no se anunciaba era el programa de rearme militar que acompañaba a esta nueva estrategia que terminaría conduciendo a una reforma de la Constitución China que permite a Xi Jinping prolongar su mandato presidencial *sine die*, al igual de lo que había hecho en Rusia Vladimir Putin unos años antes.

2. EL REARME MILITAR DE CHINA

El presupuesto militar de China es el tercero en importancia detrás del de la Unión Europea, y muy alejado del de los Estados Unidos que, en el 2024, rondaba los ochocientos mil millones de dólares, por encima del 3% de su PIB. La suma de los presupuestos militares de los países que integran la Unión Europea andaría algo por encima de los trescientos mil millones de dólares, y China venía a gastar en torno a los doscientos cincuenta mil millones, bastante por debajo del 2% de su PIB (17,8 billones de dólares en 2023).

Históricamente, China ha sido siempre una potencia terrestre que ha mantenido conflictos bélicos con la India y con Vietnam, y ha sido invadida por Japón en dos ocasiones. Con la Unión Soviética mantuvo tensas relaciones durante casi tres décadas pero, en la actualidad, la alianza con Rusia asegura su frontera norte y le permite abastecerse con el gas y

---

[22] L. Prados de la Escosura. *Human Development and the Path of Freesom.* Cambridge University Press, 2022.

el petróleo rusos. Sus objetivos estratégicos están en el este y en el sur de China. Los expertos militares consideran que su Ejército de Tierra, con unos dos millones y medio de efectivos permanentes, es una fuerza suficiente y bien preparada, por encima de lo que viene mostrando el Ejército Ruso en la actual guerra de Ucrania. El esfuerzo militar chino está centrado en defender sus costas de los portaviones norteamericanos, para lo cual han construido una flota importante de submarinos nucleares y convencionales, a los que se unen potentes sistemas de misiles balísticos y modernos aviones de combate equiparables a los F-35 norteamericanos.

El problema de China como potencia comercial es igualar la flota de Alta Mar que poseen los Estados Unidos. Los expertos militares consideran que esto les llevará décadas, y es algo muy a tener en cuenta como economista. China pretende construir una flota que asegure su comercio internacional a través del estrecho de Malaca y que, a la vez, le permita garantizar los derechos históricos que asegura poseer en el Mar Meridional de China, donde Vietnam le disputa el archipiélago de las islas Paracel, donde existen reservas de gas y petróleo[23]. Más al Sur, en el archipiélago de las islas Spratly, existen importantes recursos pesqueros que la sitúan en conflicto con Malasia, Vietnam y Filipinas. Pero una de sus mayores preocupaciones es la isla de Taiwán.

Taiwán es una isla situada a casi cien millas de sus costas, donde acabó refugiándose el ejército nacionalista y anticomunista chino que lideraba el general Chiang Kai-Sheck (1882-1975), cuando el Ejército Rojo de Mao Tse Tung (1893-

---

[23] Como alternativa, utiliza acuerdos con Birmania para construir una ruta terrestre que le asegure el abastecimiento. China ha construido oleoductos y gaseoductos que unen la bahía de Bengala con el Sudoeste de China.

1976) consiguió la victoria en la guerra civil que se libró, tras la derrota japonesa a manos de los Estados Unidos en 1945. Los norteamericanos han ayudado a mantener en Taiwán una poderosa industria que abastece a China en el continente y al resto del mundo, dotando a la población de un nivel de vida muy superior al que hasta ahora gozan los ciudadanos continentales. Pero el gobierno comunista chino siempre ha reivindicado su soberanía sobre Taiwán, y periódicamente lleva a cabo maniobras militares en sus cercanías, para indicar que mantiene su aspiración a ocupar la isla en algún momento. Los expertos militares consideran que al día de hoy, China no está en condiciones de afrontar un conflicto bélico ni en Taiwán ni en el llamado Mar de China, un escenario mayor que el Mar Mediterráneo, pero, desde luego, aspira a estarlo. Al igual que hace en el campo de la disuasión nuclear, donde no tiene la potencia de Rusia o la de los Estados Unidos.

En resumen, se diría que China, bien defendida como está, no tiene entre sus objetivos inmediatos desencadenar un conflicto bélico. Su rivalidad con los Estados Unidos es de carácter tecnológico y comercial, utilizando a Rusia como instrumento para desgastar a la potencia estadounidense. Como destaca un experto militar español, en un trabajo reciente de gran interés: «Son pocos los que dudan que Xi se frota las manos viendo al Ejército ruso desangrarse en Ucrania y a los Estados Unidos empequeñecerse detrás de la política de 'America First'»[24].

---

[24] Juan Rodríguez Garat, *Tambores de Guerra: Contra el desarme moral y militar de España*. Ed. La Esfera de los Libros. Madrid 2024, p. 154.

3 LA ESTRATEGIA DEL MERCADO CONFIABLE Y LA INFLACIÓN

En el 2024, el déficit del presupuesto de los Estados Unidos ascendió al 6,4% de su PIB, un total próximo a los dos billones de dólares que, de no mediar recortes, se alcanzarán ya el año en curso. Es una cantidad cercana al PIB de su vecino canadiense. La cifra aparece, desde hace años, elevada por el total de su gasto militar, que supera los ochocientos mil millones de dólares, la mitad del PIB español. Se entiende así que la nueva Administración del país haya planteado a sus socios en la OTAN la necesidad de alterar, con urgencia, la política de defensa que vienen manteniendo, y lo ha hecho de una forma que ha escandalizado a la mayoría de los gobiernos de Europa integrados en esa organización defensiva inédita. Pero, en mi opinión, dejando el escándalo a un lado, el asunto va bastante más allá de lo que pudieran pensar algunos y de la capacidad que, hasta ahora, ha evidenciado Bruselas.

Para limitarnos a lo que podríamos llamar aspectos cuantitativos, que son los manejados hasta ahora, entre el 3,5% que propone Bruselas y el 5% que proponen los Estados Unidos, estaríamos hablando de un máximo en torno a 1,2 billones de dólares y un mínimo de 873.000 millones. En la actualidad, el gasto militar de los miembros de la OTAN, con exclusión de Estados Unidos, rondará los 450.000 millones, de manera que queda un larguísimo camino que recorrer a una organización defensiva, conviene resaltarlo, que presta un gran servicio a la paz, disuadiendo a los conquistadores.

Naturalmente, la nueva Administración estadounidense no sólo aborda esta anomalía de su presupuesto, sino el déficit de su comercio exterior, que asciende a 1,2 billones de dólares en 2024. Solo una cuarta parte de ese déficit es con China. Con la Unión Europea, el déficit es de casi doscientos mil millones[25]. La reciente apreciación del euro respecto al dólar favorece la reducción, y las negociaciones en curso entiendo que acabarán resolviendo esta disputa, de modo que la alarma suscitada recientemente tiene que deberse a aspectos que tendremos que ir descubriendo, porque la estrategia de la Nueva Administración de los Estados Unidos así lo aconseja.

El conflicto con China tiene muchas aristas, pero podemos comenzar con la del tipo de cambio de la moneda china, que se resiste a la apreciación. En vísperas de la Gran Crisis Financiera de comienzos del siglo actual, la moneda china cotizaba en torno a 8,11 yuanes por dólar. Desde entonces, se ha ido apreciando hasta tocar en algún momento los 6,30 yuanes por dólar. En el 2024 se cotizó a 7 yuanes por dólar, y en abril del 2025 se ha apreciado y cotiza a 7,34 yuanes por dólar, lo contrario de lo que hubiera deseado la Administración estadounidense, tras anunciar la subida de los aranceles.

El déficit comercial de los Estados Unidos alcanzó un máximo histórico en el 2018, y desde entonces se ha ido reduciendo, lo cual indica que hay algo de histerismo en las recientes actuaciones de la Administración de los Estados Unidos. Algo parecido sucede en sus relaciones con el déficit europeo en el que manejan distintas cifras que lo elevarían por encima de los doscientos mil millones de dólares, para justificar la presión arancelaria que ejerce en estos momentos la nueva Administración. Desde que China se incorporó a la Organización Mundial de Comercio, lo más destacado de su irrupción en el comercio internacional ha sido el notable aumento de la demanda de dólares que se registra, desde entonces, por parte de las economías emergentes de Asia.

---

[25] Esta es la cifra para el 2024, a la que se une también un superávit en los servicios.

CUADRO 2

RESERVAS MUNDIALES DE DOLARES (En millardos)

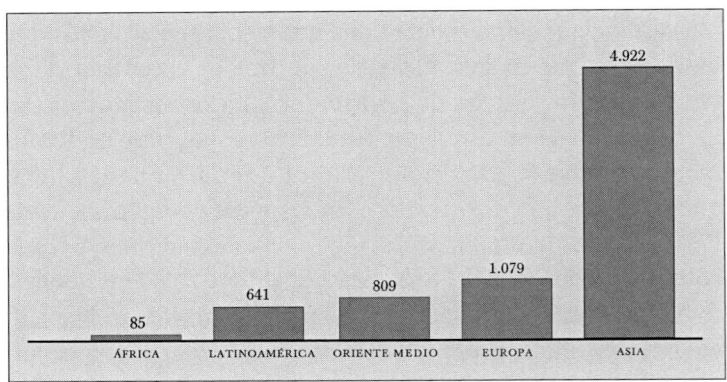

Fuente: P.I.I.E. Washington

En la actualidad, se estima que los dos tercios de las reservas mundiales de dólares que ascienden a unos 7,5 billones se concentran en Asia, y ha sido el gobierno chino el que desencadenó un fenómeno que no se dio nunca durante, por ejemplo, el período de máximo crecimiento de la economía japonesa tras la Segunda Guerra Mundial.

En el año 2000, las reservas de dólares venían a representar algo así como el 70% del total de las divisas de moneda extranjera que mantenían en su cartera los distintos bancos centrales del mundo. Al día de hoy, aquella proporción se ha ido reduciendo lentamente. Probablemente, la suma de las reservas de dólares y euros representan ya el 80% de las reservas totales de divisas, con el dólar ligeramente por debajo del 60%, y el 20% restante se lo reparten, en forma descendente, el yen japonés, la libra esterlina y algunas otras, entre las cuales se encuentra la moneda china, que no llega a superar el 3% del total. Se han cumplido así las previsiones que se hicieron a comienzos de este siglo, cuando los países se vieron conmocionados por la crisis del sistema bancario en la sombra de Estados Unidos.

El caso de China merece una consideración especial. En el año 2000, esas reservas de divisas no llegaban a los 200.000 millones de dólares, y en el 2013 rozaban los 4 billones. En poco más de una década se habían multiplicado por veinte. No hay precedente alguno. Una potencia exportadora como Alemania suele mantener como reserva de divisas una cantidad que cubra una cuarta parte de sus importaciones anuales. Las cifras que mantiene China cubren otros objetivos y, con toda seguridad, son esos objetivos los que preocupan a los Estados Unidos.

Es muy posible que los dirigentes chinos hayan pensado que había llegado el momento de ir más allá, imprimiendo un giro de ciento ochenta grados en lo que, hasta entonces, había sido el propósito de su reforma: desmantelar ordenadamente la planificación centralizada de su economía, liberando al pueblo chino de la pobreza extrema en que estuvo sumido durante la presidencia de Mao. Pero el éxito a la hora de aprovechar la única ventaja comparativa de la que disponían les iba a permitir acumular una enorme cantidad de dólares, con los que extender su influencia en un mundo del que hasta entonces habían permanecido al margen, y que podían aspirar a gobernar, con ese suave poder que predican. La reforma constitucional que Xi Jinping acabó de llevar a cabo en el 2022 no permite alimentar duda alguna respecto a lo que ya se proponía, cuando accedió al poder supremo en el partido comunista de China. Pero en Occidente acumulamos ya la experiencia suficiente que nos dice cómo la perpetuación en el poder conduce, con toda seguridad, a la corrupción del mismo.

Y este puede ser el momento apropiado para traer aquí lo que el filósofo austriaco Karl Popper (1902-1994) nos recordaba, y con frecuencia olvidamos. En Zúrich, allá por el año de 1958, cuando algunos pensaban que la Unión Soviética, con sus hazañas nucleares y espaciales, sobrepasaría pronto a los Estados Unidos[26], Popper explicaba que no es la eficacia del comunismo lo que combatimos, sino su falta de libertad, que acaba desembocando en tiranía[27]. No podemos engañarnos con los seiscientos millones de chinos liberados de la pobreza extrema, y que siguen siendo súbditos del sistema y no ciudadanos libres.

En un viaje por la América Latina (2014), el presidente de China, a las puertas casi de los Estados Unidos, exclamaba:

> Las gentes de China aman la paz, y por nuestra sangre no corren los genes de los invasores y los imperialistas. China considera anticuada la idea que lleva a buscar la hegemonía mundial como forma de organizar nuestra existencia. Así pues, en la senda del desarrollo pacífico, China hará todo lo que esté en su mano para mantener la paz entre las naciones.[28]

Pero si se trata de mantener la paz, alentar las pasiones de expansión del autócrata ruso en Ucrania es una clara contradicción.

El economista chino Yang Yao, que dirige el Centro de Investigación Económica de China y es decano de la Escuela

---

[26] En 1957, la Unión Soviética había lanzado al espacio su primer satélite artificial.

[27] Karl Popper, *En busca de un mundo mejor*. Paidós, Barcelona 1954, p. 276.

[28] Reproducido en B.J. Cohen. *Currency Power: Undestanding Monetary Rivalry*. Princeton University Press 2025, p. 228.

Nacional de Desarrollo de la Universidad de Pekín, destaca por sus aportaciones al desarrollo del marco institucional de la economía de su país. Según Yang Yao, el Partido Comunista de China es el heredero de la estricta y competente burocracia que desde el siglo III a. C. consiguió unificar aquel vasto territorio de casi diez millones de kilómetros cuadrados, que agrupa tradiciones lingüísticas y culturales muy diversas. La labor de los académicos chinos, sostiene, debería ser llevar al ánimo de los filósofos sociales de Occidente que las instituciones parlamentarias que alumbrara, en su día, el Occidente Europeo, no son aptas en China, y acabarían desintegrando aquella nación. De alguna manera, se trata de convencerlos para que admitan la singular aportación china al desarrollo de las ciencias sociales, alumbrando una especie de nueva civilización, que permite prosperar aplicando el moderno socialismo con caracteres chinos.

Japón, sin embargo, ha conseguido prosperar imprimiendo caracteres japoneses a su parlamentarismo. Y uno de esos caracteres, que destacan todos los analistas, no intenta reproducir los rasgos autocráticos del régimen feudal del *shogun.* Una buena parte del éxito económico del Japón se debe a la paz social que imprime su singular sistema de relaciones laborales, del que Occidente podría aprender mucho. Dejemos, pues, a un lado esos avances de las ciencias sociales en los que sueña Yang Yao,[29] y que ya no engañan a nadie más que a los interesados en dejarse engañar.

Pues bien, las dudas que abrigan muchos respecto a lo que los economistas y sociólogos chinos llaman el *softpower* de su

---

[29] Yang Yao, «The Political Economic Causes of China's Economic Sucess», en R. Garnaud L. Sen, C. Feng (eds.), *China's 40 Years of Reform and Development,* Universidad de Camberra, Cap. 15, p. 84.

partido comunista, es lo que ha dado lugar, entre otras cosas, al nuevo concepto de «mercado confiable» del que nos habla, por ejemplo, Fidel Sendagorta en un trabajo reciente.[30] Todo indica que China ha aprendido las lecciones extraídas del establecimiento de las anteriores redes 3G y 4G, y su gobierno ha decidido anticiparse con el diseño y el lanzamiento de la nueva red 5G. Washington ha reaccionado en dos direcciones: la primera, endureciendo las restricciones a las empresas chinas como Huawei y ZTE; y la segunda, advirtiendo a sus aliados sobre los riesgos que corren manteniendo a las empresas chinas como proveedores de equipos y servicios para el despliegue de redes 5G.[31]

Pero si es así, en el caso de las redes sociales, consideraciones de seguridad nacional son aplicables a muchos otros bienes y servicios. Así pues, sostiene Sendagorta, «el concepto de mercado confiable» se va a consolidar en el Indo-Pacífico entre Estados Unidos, Japón, Australia, Vietnam y posiblemente la India. Es previsible que a ese grupo se unan algunos países atlánticos como Canadá y un número determinado de países europeos[32]. Es significativo que aquellos países que han excluido Huawei sean precisamente aquellos que trabajan sobre posibles hipótesis de conflicto armado con China, porque hoy día cualquier escenario bélico anticipa una primera fase de ciberataques, tras la cual empezaría la etapa armada propiamente dicha. Es decir, que a estos países no les preocupa tanto las fugas de información como la posibilidad de que se

---

[30] Fidel Sendagorta. *Estrategias de Poder*, Deusto 2020, cap. 4.
[31] Ibíd., pp. 66-67.
[32] Las recientes aspiraciones de la nueva Administración de los Estados Unidos es posible que disuadan a los canadienses y a algunos otros, pero esto es solo una muestra más de la histeria que se ha apoderado de Estados Unidos.

puedan paralizar sectores enteros de un país, a través de una infraestructura crítica de la que depende el uso de internet.[33]

Esto estaba escrito probablemente durante el tercer año del primer mandato del presidente Donald Trump (2017-2021). Iba a ser entonces cuando la Reserva Federal, que durante años (2010-2018) había mantenido tasas de crecimiento del agregado monetario M.3 del orden del 4%, iba a pisar el acelerador a la vista de las elecciones que se avecinaban. En el 2019, los Estados Unidos se iban a ir apartando de esta senda, y en la segunda mitad de aquello año, la tasa de crecimiento monetario se había doblado.[34] Por si esto fuera poco, al año siguiente, año electoral, se produce la crisis sanitaria del Covid, y esto contrae drásticamente la producción. No hace falta ser un lince para vaticinar una inflación sin paliativo alguno. Era presidente de la Reserva Federal Jerome Powell, designado por el propio Trump, que ahora critica abiertamente su mandato. Pues bien, todavía a finales del 2021 las autoridades monetarias se negaban a reconocerlo, y la Reserva Federal mantenía en mínimos los tipos de interés. Solo a finales del 2022 los dejaba establecidos en el 4,25%. En el verano del año siguiente alcanzarían un máximo del 5,25% y a finales del 2024 habían retornado al 4,25%.

La política errática, para algunos caótica, de comienzos del 2025, no permite anticipar lo que puede hacer la Reserva

---

[33] Fidel Sendagorta, *op. cit.*, p. 73. El reciente apagón eléctrico español es una muestra de lo que hubiera sucedido si formara parte de un ataque planeado.

[34] Juan Castañeda Fernández, *¿Es la Inflación la próxima amenaza?* Cuadernos Liberales. Unión Editorial 2020, pp. 16-17. Castañeda Fernández presidía entonces el Instituto de Investigación Monetaria Internacional de la Universidad de Buckingham, el mismo que predijo en tiempo real la inflación que arrasó después hasta nuestros días.

Federal. Lo que sí sabemos es lo que pretende la nueva Administración: tipos de interés más bajos. La tasa de paro en los Estados Unidos se sitúa en torno al 4%, y las expectativas de inflación juegan al alza. Todo dependerá del grado de sumisión que vaya a evidenciar ahora Jerome Powell, pero, en cualquier caso, no conviene olvidar que estamos todavía en la fase de digerir lo que una crisis financiera, que no habíamos previsto, nos deparó.

El rasgo más destacado de lo sucedido después de la Gran Crisis Financiera del 2008 fue el descenso posterior en picado del multiplicador del crédito, que obligó a los bancos centrales a situar los tipos de interés en mínimos. Con todo, el crecimiento económico se paralizó, salvo en China. Por el contrario, la marcha del mercado de Wall Street cabe calificarla de triunfante. En el 2009, el Índice Standard and Poor´s 500 de la Bolsa de Nueva York marcaba un mínimo que, sobre el máximo, alcanzado en el 2007, suponía un acusado descenso del 57%. El mercado tardaría unos cuatro años en recuperar el máximo anterior, y desde entonces no ha dejado de subir. En el periodo del 2013 al 2023, el índice se ha multiplicado por más de dos, lo que supone una tasa de crecimiento anual medio del orden del 10%. De no haber sido por el descenso del primer cuatrimestre del 2025, la aceleración habría continuado, aunque ya a finales del año pasado los analistas hablaban de un cierto calentamiento de las cotizaciones que acusaban más los precios de la tecnología. Los siete magníficos (Google, Amazon, Apple, Meta, Microsoft, Nvidia y Tesla) parecían haber sobrevalorado sus expectativas de negocio.[35]

---

[35] El 7 de abril del 2025, el índice marcaba un mínimo de 4,835 puntos que suponía un retroceso frente al máximo del año anterior de 6092, del 21%. El descenso era más acusado en las compañías tecnológicas que en

4. LA POLITICA ARANCELARIA

Cuando Gran Bretaña, en 1925, retornó el patrón-oro a la paridad histórica de la libra esterlina, John Maynard Keynes fue uno de los pocos que denunciaron aquella errónea decisión. La clase política en bloque, los sindicatos y Montagu Norman, al frente del Banco de Inglaterra, apoyaban la decisión, y el entonces Ministro de Hacienda, Winston Churchill se inclinó por la mayoría. Desde entonces, en Gran Bretaña el desempleo ya nunca bajó del millón de trabajadores. A alguien se le podía haber ocurrido devaluar ligeramente la libra esterlina, pero, al parecer, nadie lo sugirió. Entonces fue cuando Keynes se inclinó hacia el proteccionismo, y Robbins reaccionó en contra con vehemencia. A la postre iba a ser la movilización militar lo que acabaría con aquellas tasas de paro, y no la macroeconomía. Pero nadie quiere la guerra, y tampoco una guerra arancelaria, porque si los países asiáticos que acogen más del 50% de la población mundial deciden aprovechar la ventaja comparativa de una mano de obra mucho más barata de la que está a disposición de las empresas en los países más desarrollados, me temo que no se ha inventado todavía el arancel que pueda protegernos de ese aluvión. Esto es algo que incomodará a nuestros líderes sindicales, pero no por ello es menos cierto. No sé si lo habrán entendido, pero si no lo hacen con prontitud, nos vamos a encontrar en un gran atolladero.

Si a esto unimos la excepcional demanda de dólares que estas economías emergentes de Asia vienen haciendo, y a la

---

los últimos seis años registraban crecimientos desorbitantes. Si excluimos las siete tecnológicas, la tasa anual de crecimiento de los últimos seis años superaba el 11%, y estaba por encima del 15%, incluyendo las tecnológicas. La relación precio-beneficio por acción (PER) estaba en torno a 28% para las siete tecnológicas, y en torno a 19% para el resto.

que ya nos hemos referido antes, me temo que los asesores del locuaz presidente de los Estados Unidos le han aconsejado mal. En realidad, los Estados Unidos no tienen un problema de desempleo. La tasa de crecimiento, allí como en Asia, depende de la innovación tecnológica; lo demás es perder el norte, y no depende en absoluto de la protección arancelaria. Esta ignorancia podría hacerles perder ese privilegio exorbitante que Valery Giscard D'Estaing tanto añoraba para su querida Francia.

Mientras China aliente las aspiraciones imperiales de Vladimir Putin o las de Irán en Oriente Medio, es claro que Europa tendrá que andar con pies de plomo en sus relaciones con China. La Unión Europea, en el 2024, tenía un déficit comercial de 320.000 millones de dólares con China, y esto es lo que cuenta. Este superávit comercial, unido al que tiene con los Estados Unidos, es más del 75% del superávit total de su comercio. Podía entonces demandar euros en lugar de dólares, pero no lo han hecho nunca ni lo van a hacer ahora. Por tanto, lo que no puedan colocar en los Estados Unidos intentarán colocarlo en algún otro lugar como Europa.[36]

5. EL DÓLAR MONEDA DE RESERVA INTERNACIONAL

Cuando el dólar, en 1879, se incorporó al patrón-oro, lo hizo a una paridad con la libra esterlina de 4,86 dólares. Cuando al final de la Segunda Guerra Mundial (1939-1945), los Estados

---

[36] No sé si el Gobierno Español se ha preguntado alguna vez a qué se debe ese récord de paro que venimos acumulando desde 1980, y esa renta per-cápita que no recorta ya las distancias que nos separan de los países más avanzados. Véase apéndice.

Unidos se convierten en poseedores de la moneda que va a intentar emular lo que había hecho la libra esterlina, John Maynard Keynes no opuso mucha resistencia; estaba enfermo, y no tardaría en desaparecer de la escena. Estados Unidos era el único país que poseía la capacidad de producir los bienes que necesitaba aquel mundo devastado por la guerra. Los salarios para producir esos bienes se pagaban en dólares y, en cuanto a los bienes que no vinieran de allí, sus poseedores aceptarían gustosos que se les pagara en dólares. En realidad, Keynes no tenía ninguna opción y lo sabía.

Como el lector ya sabe, en 1947 los norteamericanos estaban impacientes y obligaron a los británicos a ensayar una libra a 4,03 dólares. En sólo tres semanas, el Banco de Inglaterra estaba a punto de quedarse sin una onza de oro. Habría que esperar a 1949 para devaluar en un 30% la mayoría de las monedas europeas y establecer para la libra esterlina una paridad de 2,80 dólares por libra. Hoy cotiza 1,25 libras por dólar. Desde que dejó de ser la moneda de reserva internacional, la libra esterlina no ha hecho otra cosa que depreciarse, y es muy posible que al dólar le pase lo mismo, pero no hay necesidad de precipitar los acontecimientos y, de momento, no parece haber una alternativa. China no querría ver su moneda nacional notablemente apreciada, mientras la India o Indonesia anden por allí cerca. A Valery Giscard D'Estaing (1926-2020) sería interesante preguntarle qué pensaba ahora de aquella su batalla en contra de aquel privilegio exorbitante del dólar.

Hoy, la ortodoxia en materia de dinero es la que impusieron los artífices del llamado «milagro alemán». Pero los demás milagros, el japonés o el español, se hicieron con tasas de inflación superiores. Cuando se constituyó en 1957 el Bundesbank alemán, sus Estatutos constituían una novedad, porque desde la aparición del libro de Paul Samuelson (1948), interpretando lo que había escrito Keynes en su *Teoría General* (1936), la creación de dinero estaba subordinada al mantenimiento de un elevado nivel de empleo. Pero Alemania Federal, haciendo caso omiso de esta subordinación, obligaba estatutariamente a un poder independiente a mantener el poder adquisitivo del marco alemán, en los términos que aquel banco decidiera. No había precedente y, desde luego, aquello contradecía la opinión mayoritaria, entonces, de los economistas.

Alemania Federal había decidido orientar su economía según lo que aconsejaran los mercados internacionales, y hoy día siete de cada diez empleos están directa o indirectamente relacionados con actividades de exportación. Alemania, cuando ha tenido que revaluar su moneda, se ha resistido, pero ha terminado haciéndolo, y siempre ha evitado que los movimientos de capital a corto plazo desestabilizaran su moneda. No se lo podía permitir, y así lo entendían todos sus economistas. Solo Helmut Köhl se les opuso, cuando Alemania se reunificó y aceptó canjear la moneda de la Alemania, en la órbita de Moscú, a la par con la de Alemania Federal. Las consecuencias fueron catastróficas: Alemania tuvo que pagar un alto precio por violar aquella ortodoxia.

Por lo que respecta a Deng Xiaoping, cuando inició su reforma los problemas de la inflación no eran prioritarios. En China los precios se fijaban administrativamente desde hacía más de treinta años. Para hacerse una idea de la magnitud del problema, basta considerar, por ejemplo, que los precios agrícolas se habían establecido deliberadamente bajos, para que los salarios también lo fueran y permitieran a la industria pesada alcanzar las cotas soñadas por aquellos iluminados que prolongaron el aislamiento tradicional de China.

Así pues, nadie conocía la manera de sustituir aquel sistema de precios por otros que respondieran a un criterio impersonal. En 1984 se había convocado a más de 1.300 economistas para que aportaran, al famoso Simposio de la Montaña de Mogarshan en la provincia de Zheijang, soluciones a aquel endiablado problema.[37] No podemos, por tanto, atribuir a las tasas de inflación que se manejan en los primeros años de la reforma, el mismo carácter de las que se atribuían entonces a las de otros países. En vísperas de la Gran Crisis Financiera del 2008, China tenía una tasa de inflación del 4,8%, ciertamente elevada para los patrones alemanes. En los diez últimos años, su tasa de inflación se ha mantenido en torno al 2%. Es decir, China, en materia de inflación, no se aparta demasiado de lo que hacen sus competidores en los mercados internacionales, porque el objetivo que persigue recuerda al de aquellos mercantilistas del pasado; es decir, lograr un superávit permanente en sus intercambios con otros países que, a sus antecesores les procuraban oro y plata, y a ellos les procura los dólares con los que trata de ejercer influencia en todo el mundo.

A raíz de la Crisis Financiera Internacional que desencadenó el sistema bancario en la sombra de los Estados Unidos, los chinos aprendieron a diversificar mejor sus reservas de divisas. Es entonces cuando inician un programa que les va a llevar al desarrollo de toda una serie de establecimientos, en puntos bien estudiados y estratégicos en las costas de todo el mundo, que facilitan su comercio y les sirven para analizar dónde y cómo hacer sus inversiones. Los chinos hoy están ya en todas partes, por primera vez en su historia, como antes hicieron otros. Es entonces cuando descubren que resulta más rentable colocar allí su ahorro que en unos mercados de dinero que lo dilapidaban. Como ha señalado el economista surcoreano

---

[37] Zhang Jun, «China's price liberalisation and market reform: A historical perspective». Véase la obra citada en nota 13.

del BPI, Hyun Song Shin, es una paradoja que en el 2008 el mayor deudor neto a largo plazo, los Estados Unidos, fuera a la vez el principal acreedor neto, a corto plazo, del sistema bancario internacional, contribuyendo así a difundir su crisis por todo el mundo[38].

Es también entonces cuando comprenden que la ventaja de su mano de obra barata no va a durar eternamente, y de ahí va a surgir la rivalidad técnica con los Estados Unidos porque, a la postre, el crecimiento depende de los avances técnicos. Cuando estalla la crisis financiera del 2008, los Estados Unidos eran ya los mayores deudores netos a largo plazo de todo el mundo, exactamente lo contrario de lo que sucedía, en 1944, cuando tuvieron lugar los acuerdos de Bretton Woods.

La deuda pública de los Estados Unidos supera ya el 124% del PIB, aproximadamente unos treinta y seis billones de dólares. Entre las diferentes clases de bonos que la integran, el bono del Tesoro a diez años es el más popular. Su amplio mercado secundario lo convierte en un título ideal para el mantenimiento de reservas de dólares, y China aproximadamente posee 759.000 millones de dólares en esta clase de títulos.

Durante los recientes acontecimientos del mes de abril (2025), se especuló con la posible venta, por parte de China, de bonos del Tesoro de los Estados Unidos a diez años, que elevaron su rendimiento, o lo que es lo mismo, que redujeron su precio.[39] El rendimiento efectivo del bono se situó entonces por encima del 4,5% que de mantenerse podía encarecer las futuras colocaciones de estos títulos en el mercado. China lleva

---

[38] H. S. Shin, «Global Liquidity», incluido en *In the Wake of the Crisis*, FMI 2012, p. 93.

[39] Cuando un título que devenga un tipo de interés fijo reduce su precio en el mercado, el que lo compra obtiene un rendimiento de su inversión superior a ese interés.

deshaciéndose de las tenencias de estos bonos que llegaron a alcanzar, en vísperas de la crisis del 2008, una cantidad que doblaba la que poseen en la actualidad, pero no parece que entre sus políticas vaya a cobrar fuerza la de desplazar al dólar como moneda de reserva, alterando su cotización o sembrando incertidumbre. Es posible que vuelvan a proponer su sustitución por otra moneda de nueva creación, pero su política sigue siendo la de mantener un holgado superávit de su balanza de pagos que les permita extender su poder e influencia en todos los países donde han financiado proyectos que les facilitan el abastecimiento de materias primas, y donde colocan con facilidad sus productos.

La supremacía de los Estados Unidos siempre fue tecnológica: durante su proceso de industrialización, el crecimiento de la productividad allí fue siempre muy superior al que hizo posible la industrialización de Gran Bretaña, aunque su desarrollo financiero iba años luz por detrás del británico, como sucede hoy con el sistema financiero chino. En 1944, la única opción disponible era la del dólar de los Estados Unidos. China piensa que no siempre tiene que ser así. Pero sólo si son ellos los únicos capaces de producir lo que en otros lugares nadie es capaz de proporcionar, su supremacía será efectiva. Hoy por hoy, China se ha limitado a copiar y vender más barato, pero cuando su población les exija la compensación a su esfuerzo, esa ventaja que les ha permitido salir del aislamiento desaparecerá, y sólo la tecnología podrá hacerlos diferentes.

Sin embargo, a la vista de cómo se están desarrollando los acontecimientos, desde que China abandonó la senda del reformismo de sus primeros años, acentuando el poder de la burocracia comunista, nadie espera que China pueda llegar a establecer en el mundo nada parecido a lo que lograron, en su día, primero Gran Bretaña y luego los Estados Unidos. La asignatura pendiente de China es hacer partícipe a sus habitantes de la prosperidad que está allí dando sus primeros pasos, y entonces es cuando estaremos en condiciones de valorar los resultados. Entretanto, solo podemos decir que China, a diferencia de la Unión Soviética, encontró la salida al problema que suponía pasar de una economía planificada centralmente a otra de mercado. Ahora les queda hacer el resto.

EPILOGO

La reforma económica que emprendió China a la muerte de Mao Zedong permitía abrigar esperanzas que los sucesos de Tiananmen (1989) no truncaron, pero tras la Crisis Financiera desencadenada en el 2008, el crecimiento en buena parte de Occidente se detuvo. Los Estados Unidos, el país que la desencadenó, fue el primero en recuperarse, al tiempo que Europa se tambaleaba, Japón retrocedía y China mantenía tasas de crecimiento que le iban a permitir seguir recortando la enorme distancia que aún le separaba de las economías más avanzadas. Cuando Xi Jinping accede al poder en el 2013, había conseguido acumular unas reservas de divisas que superaban el 40% de su PIB. Nunca un país en pleno proceso de industrialización había conseguido alcanzar un excedente en su comercio exterior de esas dimensiones que le iban a permitir dar un giro espectacular en la política seguida hasta entonces. El encaje de China en la economía mundial no había suscitado recelos, pero ahora iba a ser diferente.

Deng Xiaoping había aconsejado cautela, pero cuando el nuevo presidente anuncia su programa BRI y el proyecto

Made in China 2025, no es cautela lo que esto exhibía, sino todo lo contrario. Se trataba de una involución de enorme alcance que culmina con la reforma constitucional de 2022 que va a permitir a Xi Jinping prorrogar *sine die* su presencia al mando del país. China es una autocracia en expansión por todo el mundo, cuyos tentáculos no tienen límites, como muestra el apoyo al régimen de Venezuela en el Caribe, el intento de construir una alternativa al Canal de Panamá en Nicaragua, o el apoyo a la invasión de Ucrania después de haber extendido su presencia en todo el sur de Asia, Oriente Medio y África. Lo que la Unión Soviética nunca consiguió lo iba a hacer posible China gracias a la masa de dólares que le había permitido acumular aquel superávit de su balanza comercial que nunca consiguió apreciar su moneda hasta el punto de eliminarlo.

No podemos dejarnos engañar por esos seiscientos millones de chinos, rescatados de la pobreza extrema, pero que no son ciudadanos libres, sino súbditos del Partido Comunista de China, como lo fueron antes de sus emperadores y caudillos. Nunca desdeñemos nuestra libertad, ni aceptemos el venderla por un simple plato de lentejas.

APÉNDICE PARA ESPAÑOLES

PIB PER-CAPITA COMPARADO DE ESPAÑA (PPA)

En los cuadros que siguen a continuación recogemos el tanto por ciento que representa nuestra renta per cápita respecto a la de cada uno de los países escogidos para hacer la comparación desde 1929 al 2024.

PAISES/AÑO	1929	1938	1950	1975
ALEMANIA	76,3	40,8	78,4	69,3
FRANCIA	76,5	53,1	58,3.	67,2
R. UNIDO	59,8	36,9	54,1	80,9
ITALIA	98,1	62,6	94,6	89,8
PORTUGAL	140,7	87,3	102,5	136,3
EEUU	46,3	33,1	33,3	59 ,3

Fuente: L. Prados de la Escosura. Fundación BBVA. *Estadísticas históricas*, vol. III

PAISES/AÑO	1990	2000	2008	2024
ALEMANIA	74,9	79,8	80,8	80,3
FRANCIA	82,1	86,9	89,7	88,3
R. UNIDO.	92,5.	92,2	91,6.	85,4
ITALIA.	74,4	79,3	86,1.	94,6
PORTUGAL	116,8.	113,9	120,4	110,4
EEUU.	71,5	72,5	73,8	62,3

Fuente: Banco Mundial. Los datos del 2024 son provisionales.

Los datos que se recogen en los dos cuadros anteriores vienen a demostrar que, salvo en el periodo que transcurre desde la Gran Depresión de 1929 hasta finales de nuestra Guerra Civil, el peor periodo de la economía española, en casi un siglo, es el que transcurre entre la Crisis financiera del 2008 y nuestros días. En contra de la propaganda oficial, los datos demuestran que España ha dejado de reducir las distancias que la separaban de sus vecinos más avanzados, y de los Estados Unidos, cosa que no puede decirse de nuestro vecino portugués

EN LA MISMA COLECCIÓN

Para más información,
véase nuestra página web
www.unioneditorial.es